DEVENIR ECRIVAIN GRACE A IA

Maîtriser l'Intelligence Artificielle pour Écrire Plus, Mieux et Plus Vite

KOUADIO KONAN JOEL

"L'intelligence artificielle ne remplace pas la créativité humaine, elle l'amplifie." –

KOUADIO KONAN JOEL

TABLE DES MATIÈRES

PROLOGUE

Il fut un temps où écrire un livre était un processus long, solitaire et exigeant. Trouver l'inspiration, structurer ses idées, peaufiner son style... autant d'étapes qui demandaient patience et persévérance. Mais aujourd'hui, une nouvelle ère s'ouvre aux écrivains : celle de l'intelligence artificielle.

Loin d'être un simple gadget, l'IA bouleverse notre manière de concevoir l'écriture. Grâce à elle, générer des idées devient plus facile, organiser un plan se fait en quelques clics, et améliorer un texte n'a jamais été aussi rapide. Certains y voient une menace, d'autres une révolution. Et si, au lieu de s'en méfier, nous apprenions à en faire notre alliée ?

<u>Ce livre est né d'une question simple</u> : **comment utiliser l'IA pour écrire plus vite, mieux et sans perdre son authenticité** *? Loin de remplacer l'écrivain, ces outils peuvent au contraire décupler sa créativité, l'aider à franchir les blocages et lui offrir de nouvelles perspectives.*

Dans les pages qui suivent, vous découvrirez comment intégrer l'IA à votre processus d'écriture, de la première idée à la publication. Que vous soyez débutant ou auteur expérimenté, l'intelligence artificielle peut devenir une aide précieuse pour concrétiser vos projets littéraires.

L'ère de l'écrivain augmenté a commencé. Êtes-vous prêt à en faire partie ?

PRÉFACE

L'écriture a toujours été un art, une alchimie entre la pensée et les mots, un processus à la fois personnel et universel. Pendant des siècles, les écrivains ont puisé dans leur imagination, leur expérience et leur travail acharné pour donner naissance à des œuvres intemporelles. Aujourd'hui, une révolution est en marche : l'intelligence artificielle s'invite dans le monde de l'écriture, bouleversant nos habitudes et redéfinissant notre manière de créer.

Lorsque j'ai découvert les capacités des outils d'IA appliqués à l'écriture, j'ai d'abord été intrigué, puis fasciné. Comment une machine pouvait-elle générer du texte, structurer des idées et même suggérer des améliorations stylistiques ? Était-ce une simple tendance passagère ou une transformation durable du métier d'écrivain ? Au fil de mes recherches et de mes expérimentations, une évidence s'est imposée : **l'IA n'est pas une menace pour les écrivains, mais une opportunité extraordinaire.**

Ce livre est né de cette conviction. Il s'adresse à tous ceux qui souhaitent comprendre comment l'intelligence artificielle peut enrichir leur travail d'écriture, qu'ils soient **romanciers, essayistes, blogueurs, entrepreneurs du livre ou créateurs de contenu.** À travers ces pages, je vous guiderai pas à pas pour **intégrer l'IA à votre processus créatif,** de la génération d'idées à la publication, en passant par l'optimisation du style, la mise en page et la promotion de votre œuvre.

Loin de remplacer l'écrivain, l'IA est un **assistant puissant,** capable de stimuler l'imagination, d'accélérer le processus d'écriture et d'ouvrir de nouvelles perspectives. Mais, comme tout outil, elle doit être utilisée avec discernement. L'objectif de ce livre est donc de vous montrer **comment tirer parti de l'IA tout en conservant votre identité d'auteur, votre originalité et votre sensibilité**.

Que vous soyez curieux, sceptique ou déjà convaincu, je vous invite à explorer cette nouvelle ère de l'écriture. À travers des conseils concrets, des outils pratiques et des stratégies éprouvées, vous découvrirez comment faire de l'IA **un allié au service de votre créativité et de votre succès**.

L'avenir de l'écriture est déjà là. Il ne tient qu'à vous d'en faire partie.

Bonne lecture et bonne écriture !

Kouadio Konan Joël

PLAN DU LIVRE

Introduction

- Pourquoi l'IA est une révolution pour les écrivains
- Les opportunités offertes par l'IA dans l'écriture
- Comment utiliser ce livre pour devenir écrivain avec l'IA

Partie 1 : L'IA au service de l'écriture

Chapitre 1 : Comprendre l'IA et son impact sur l'écriture

1. Qu'est-ce que l'intelligence artificielle appliquée à l'écriture ?
2. Les différents outils d'IA pour écrivains
3. Mythe et réalité : l'IA peut-elle remplacer les écrivains ?

Chapitre 2 : Trouver des idées et planifier son livre avec l'IA

1. Générer des idées et des thèmes originaux

2. Structurer son livre avec l'IA
3. Affiner son plan et développer une trame captivante

Chapitre 3 : Écrire un livre rapidement avec l'IA

1. Rédiger des paragraphes et des chapitres en s'appuyant sur l'IA
2. Trouver son style et éviter la surdépendance à l'IA
3. Gérer la cohérence et le flux narratif

Chapitre 4 : Améliorer et peaufiner son texte avec l'IA

1. Utiliser l'IA pour améliorer la qualité de l'écriture
2. Correction grammaticale et optimisation du style
3. Relecture et édition assistées par l'IA

Partie 2 : Publier et commercialiser son livre avec l'IA

Chapitre 5 : Mise en forme et mise en page automatisées

1. Utiliser l'IA pour la mise en page et le formatage
2. Créer une couverture professionnelle avec l'IA

L'intelligence artificielle (IA) a profondément transformé de nombreux secteurs, et l'écriture ne fait pas exception. Longtemps considérée comme un domaine réservé à la créativité humaine, l'écriture connaît aujourd'hui une révolution grâce aux outils d'IA capables d'assister, de guider et même de générer du contenu de manière autonome. Ce livre explore comment l'IA peut être un atout puissant pour les écrivains, qu'ils soient débutants ou confirmés, en leur permettant de gagner du temps, d'améliorer leur style et de mieux commercialiser leurs œuvres.

Pourquoi l'IA est une révolution pour les écrivains ?

L'IA marque un tournant majeur dans le domaine de l'écriture. Autrefois, l'écrivain devait compter uniquement sur son inspiration, son talent et ses compétences linguistiques pour produire du contenu. Aujourd'hui, avec des outils comme ChatGPT, Jasper, ou Sudowrite, l'IA permet d'accélérer et d'optimiser le processus d'écriture.

Voici quelques raisons qui expliquent pourquoi l'IA est une véritable révolution pour les écrivains :

1. **Un gain de temps considérable**
   Rédiger un livre peut prendre des mois, voire des années. L'IA aide à générer des idées, structurer un plan et rédiger plus rapidement, permettant aux auteurs de se concentrer sur la créativité et l'originalité.

2. **Une assistance continue et personnalisée**
   Contrairement aux bêta-lecteurs ou aux éditeurs humains, l'IA est disponible 24/7. Elle peut fournir des suggestions, reformuler des phrases et proposer des améliorations instantanément.

3. **Une démocratisation de l'écriture**
   Avant, devenir écrivain nécessitait souvent une expertise poussée en rédaction et un réseau éditorial. Aujourd'hui, l'IA rend l'écriture plus accessible en accompagnant les novices dans la création de contenus de qualité.

4. **Un outil d'apprentissage et d'amélioration**
   L'IA ne se limite pas à générer du texte ; elle aide aussi les auteurs à perfectionner leur style en leur proposant des alternatives et des corrections en fonction du ton et du message recherché.

Les opportunités offertes par l'IA dans l'écriture

L'IA ouvre un éventail d'opportunités inédites pour les écrivains, que ce soit pour l'écriture de romans, d'articles, de scénarios ou même de scripts publicitaires. Voici quelques domaines où elle s'avère particulièrement utile :

1. **Génération et structuration d'idées**
   Trouver un sujet ou une intrigue peut être un défi. L'IA aide à brainstormer et à organiser les idées en plans cohérents, facilitant ainsi le processus de création.

2. **Aide à la rédaction et à la réécriture**
   L'IA peut rédiger des passages entiers, reformuler des phrases ou enrichir un texte en fonction des préférences de l'auteur. Elle est également capable d'adopter différents styles d'écriture.

3. **Optimisation du style et de la grammaire**

Des outils comme Grammarly ou ProWritingAid permettent d'améliorer la syntaxe, le vocabulaire et la fluidité du texte, rendant l'écriture plus professionnelle.

4. **Traduction et adaptation de contenu**
Grâce à l'IA, un écrivain peut facilement traduire son œuvre dans plusieurs langues et toucher un public international sans faire appel à un traducteur humain.

5. **Création de contenu marketing et promotionnel**
L'IA facilite la rédaction de descriptions de livres, de résumés, de publicités et même de newsletters pour promouvoir un ouvrage efficacement.

Comment utiliser ce livre ?

Ce livre est conçu comme un guide pratique pour vous aider à exploiter tout le potentiel de l'IA dans votre parcours d'écrivain. Il se divise en trois parties :

- **La première partie** vous introduira aux différents outils d'IA, ainsi qu'aux meilleures pratiques pour les intégrer à votre processus d'écriture.

- **La deuxième partie** vous expliquera comment publier et commercialiser votre livre avec l'aide de l'IA, en couvrant l'autoédition, la mise en page, la création de couvertures et le marketing.

- **La troisième partie** explorera l'avenir de l'écriture et de l'IA, en vous donnant des stratégies pour bâtir une carrière durable et tirer profit des innovations à venir.

Que vous soyez un écrivain en herbe ou un auteur confirmé, ce livre vous donnera les clés pour maximiser votre productivité et booster votre créativité grâce à l'intelligence artificielle.

Prêt à révolutionner votre manière d'écrire ? Alors, commençons !

CHAPITRE 1 : COMPRENDRE L'IA ET SON IMPACT SUR L'ÉCRITURE

L'intelligence artificielle est en train de transformer radicalement le monde de l'écriture. Jadis considérée comme une discipline exclusivement humaine, reposant sur la créativité et l'inspiration, l'écriture bénéficie aujourd'hui de puissants outils d'IA capables d'aider les auteurs à chaque étape du processus. Mais qu'est-ce que l'IA appliquée à l'écriture ? Quels sont les outils disponibles ? Et surtout, l'IA peut-elle véritablement remplacer les écrivains ? Ce chapitre répond à ces questions essentielles.

1. Qu'est-ce que l'intelligence artificielle appliquée à l'écriture ?

L'intelligence artificielle (IA) désigne l'ensemble des technologies capables d'effectuer des tâches normalement réalisées par l'intelligence humaine. Dans le domaine de l'écriture, l'IA repose principalement sur des modèles de traitement du langage naturel (NLP - Natural Language Processing) et des algorithmes d'apprentissage automatique (machine learning).

L'IA appliquée à l'écriture fonctionne en analysant de vastes quantités de textes, en identifiant des modèles linguistiques et en générant du contenu en fonction des requêtes de l'utilisateur. Voici quelques exemples concrets de son utilisation :

- **Génération de contenu** : L'IA peut écrire des articles, des chapitres de livres, des scripts et même des poèmes.

- **Correction et amélioration de texte** : Elle détecte les fautes d'orthographe, de grammaire et propose des reformulations stylistiques.

- **Aide à la structuration** : Elle suggère des plans, des titres et des idées pour enrichir un texte.

- **Traduction et adaptation** : Des outils comme DeepL et Google Translate permettent de rendre un texte accessible à un public international.

Loin d'être un simple gadget, l'IA devient un véritable assistant pour les écrivains, leur permettant d'optimiser leur productivité et d'affiner leur style.

2. Les différents outils d'IA pour écrivains

Aujourd'hui, de nombreux outils d'intelligence artificielle sont disponibles pour aider les écrivains à chaque étape de leur travail. Voici une sélection des plus populaires :

Outils de génération de texte

- **ChatGPT** : Développé par OpenAI, il est capable de générer des dialogues, des articles et même des romans en fonction des indications fournies.
- **Jasper AI** : Spécialement conçu pour le copywriting et le marketing, Jasper aide à rédiger des articles de blog, des descriptions de produits et des scénarios publicitaires.
- **Sudowrite** : Un outil destiné aux écrivains de fiction, qui propose des suggestions pour enrichir le style et développer des scènes.

Outils de correction et d'optimisation

- **Grammarly** : Un assistant de correction qui détecte les fautes d'orthographe, de grammaire et propose des améliorations stylistiques.
- **ProWritingAid** : Similaire à Grammarly, mais avec une analyse plus approfondie du style et de la cohérence du texte.
- **Hemingway Editor** : Permet de simplifier et d'améliorer la clarté d'un texte en mettant en évidence les phrases complexes ou passives.

Outils de structuration et de planification

- **Scrivener** : Bien qu'il ne soit pas une IA, cet outil est très utilisé par les écrivains pour organiser leurs idées et structurer leurs manuscrits.
- **Notion AI** : Un outil hybride qui permet de générer des idées, d'organiser des notes et de structurer un projet d'écriture.
- **MindMeister** : Une application de mind mapping pour organiser les idées et construire une trame narrative efficace.

Outils de traduction et de reformulation

- **DeepL** : Un traducteur IA offrant des traductions précises et naturelles.

- **QuillBot** : Un outil qui reformule les phrases pour varier le style ou améliorer la fluidité d'un texte.

Ces outils permettent aux écrivains d'économiser du temps, d'améliorer la qualité de leur écriture et de se concentrer sur l'aspect créatif de leur travail.

3. Mythe et réalité : l'IA peut-elle remplacer les écrivains ?

Avec l'essor des outils d'IA capables de générer du texte, une question se pose : l'IA peut-elle remplacer les écrivains humains ?

Les limites de l'IA dans l'écriture

1. **Manque d'émotion et de profondeur** : Bien que l'IA puisse imiter des styles d'écriture, elle ne ressent pas d'émotions et ne peut pas retranscrire l'expérience humaine avec la même authenticité qu'un écrivain.
2. **Problèmes de cohérence** : L'IA peut produire des textes qui semblent bien écrits, mais qui manquent parfois de logique et de continuité.
3. **Absence de véritable créativité** : L'IA se

base sur des données existantes et ne peut pas inventer des idées totalement nouvelles comme le ferait un écrivain inspiré.

4. **Dépendance aux instructions** : Elle a besoin d'instructions précises pour fonctionner efficacement et ne peut pas spontanément écrire un livre original sans l'intervention humaine.

Pourquoi l'IA est un allié plutôt qu'un concurrent ?

Plutôt que de voir l'IA comme une menace, les écrivains peuvent l'utiliser comme un outil puissant pour améliorer leur processus créatif. Voici quelques façons dont l'IA peut compléter le travail des écrivains :

- **Accélérer la rédaction** : En générant des brouillons et des idées de texte.

- **Stimuler la créativité** : En proposant des suggestions inédites et en explorant de nouvelles perspectives.

- **Automatiser les tâches répétitives** : Correction, relecture, mise en page, traduction.

- **Faciliter l'autoédition et la promotion** : En aidant à la mise en forme, à la création de couvertures et à la rédaction de contenus marketing.

L'IA ne remplace donc pas l'écrivain, mais elle lui permet de se concentrer sur l'essence de son métier : raconter des histoires, partager des idées et toucher un public.

Conclusion

L'intelligence artificielle est une révolution pour les écrivains, non pas en tant que substitut, mais en tant qu'outil complémentaire. En comprenant son fonctionnement, en explorant les bons outils et en l'intégrant intelligemment dans le processus d'écriture, tout auteur peut tirer parti de cette avancée technologique pour écrire plus vite, mieux et avec une plus grande efficacité.

Dans les prochains chapitres, nous verrons comment utiliser concrètement l'IA pour structurer un livre, rédiger efficacement et peaufiner son style afin de devenir un écrivain accompli à l'ère de l'intelligence artificielle.

CHAPITRE 2 : TROUVER DES IDÉES ET PLANIFIER SON LIVRE AVEC L'IA

L'une des étapes les plus cruciales dans l'écriture d'un livre est la phase de planification. Avant même de rédiger la première phrase, il faut trouver une idée forte, organiser ses pensées et structurer le contenu. L'intelligence artificielle (IA) offre aujourd'hui des outils puissants pour accompagner les auteurs dans cette phase essentielle.

Dans ce chapitre, nous allons voir comment utiliser l'IA pour :

1. Générer des idées et des thèmes originaux.
2. Structurer son livre de manière logique et cohérente.
3. Affiner son plan et construire une trame captivante.

---

1. Générer des idées et des thèmes originaux

Trouver une idée originale est souvent le premier défi pour un écrivain. Que ce soit pour un roman, un essai ou un guide pratique, l'IA peut être une précieuse alliée pour explorer des sujets innovants et débloquer la créativité.

Comment utiliser l'IA pour générer des idées ?

Les outils d'IA spécialisés dans la génération de contenu, comme ChatGPT, Jasper AI ou Notion AI, permettent d'explorer une multitude d'idées en posant des questions stratégiques :

- **"Quels sont les sujets tendance dans mon domaine ?"**
- **"Donne-moi 10 idées de livres sur le développement personnel"**
- **"Quels thèmes originaux puis-je aborder dans un roman de science-fiction ?"**
- **"Propose-moi une intrigue captivante pour un thriller"**

L'IA fournit alors des réponses variées, combinant tendances actuelles et concepts intemporels.

Techniques pour affiner une idée avec l'IA

1. **Le brainstorming assisté** : L'IA peut jouer le rôle d'un partenaire de brainstorming en proposant des variations sur une idée initiale.
2. **L'exploration de niches spécifiques** : Elle peut aider à identifier des sous-thèmes pertinents en fonction du public cible.
3. **L'inspiration à partir de tendances** : En analysant des données récentes, l'IA peut suggérer des sujets en vogue dans un domaine donné.

Exemple : Un auteur souhaitant écrire un livre sur la productivité peut demander à l'IA de lui proposer des angles originaux, comme "La productivité à l'ère du télétravail" ou "Les secrets des génies créatifs".

L'IA ne remplace pas l'inspiration humaine, mais elle offre un point de départ pour affiner un concept et le rendre unique.

2. Structurer son livre avec l'IA

Une fois l'idée définie, il est essentiel de structurer son livre. Une bonne structure permet d'offrir une lecture fluide et engageante. L'IA peut aider à créer un plan détaillé, en suggérant une organisation logique du contenu.

Créer un plan avec l'IA

L'IA peut générer un plan détaillé en répondant à des requêtes comme :

- **"Propose-moi un plan détaillé pour un livre sur l'intelligence émotionnelle"**
- **"Comment organiser un guide sur l'investissement immobilier ?"**
- **"Donne-moi une structure en trois actes pour un roman policier"**

Exemple de réponse générée pour un livre de développement personnel :

1. **Introduction** : Pourquoi la productivité est essentielle ?
2. **Chapitre 1** : Comprendre son propre rythme de travail
3. **Chapitre 2** : Techniques avancées de gestion du temps
4. **Chapitre 3** : Supprimer les distractions et améliorer la concentration

5. **Chapitre 4** : L'impact du bien-être mental sur la productivité

6. **Conclusion** : Construire un système durable

L'auteur peut ensuite ajuster ce plan en fonction de son approche personnelle.

Les avantages de l'IA pour la structuration

- **Gain de temps** : L'IA fournit une base solide en quelques secondes.
- **Clarté** : Une structure bien définie facilite la rédaction et évite les incohérences.
- **Flexibilité** : L'auteur peut modifier et adapter le plan à son style et à son message.

L'IA est donc un assistant efficace pour transformer une simple idée en un projet d'écriture structuré.

---

3. Affiner son plan et développer une trame captivante

Un bon livre ne se limite pas à une idée et une structure bien définie. Il doit captiver le lecteur et offrir une progression logique et engageante. L'IA peut aider à enrichir la trame narrative et à peaufiner le contenu.

Utiliser l'IA pour approfondir chaque chapitre

Une fois le plan général établi, l'IA peut proposer des sous-chapitres et des points clés pour chaque section.

Exemple pour un chapitre sur la gestion du stress dans un livre de développement personnel :

- **1.1. Comprendre les sources du stress**
- **1.2. Techniques de relaxation rapide**
- **1.3. Intégrer des habitudes anti-stress au quotidien**

L'auteur peut ensuite enrichir ces sections avec ses propres expériences et analyses.

Créer une progression captivante

Pour un roman ou un livre narratif, l'IA peut aider à construire une tension dramatique en suivant des structures narratives éprouvées :

- **Le schéma en trois actes** : Exposition – Développement – Résolution
- **Le voyage du héros** : Un protagoniste

confronté à des défis, qui évolue au fil du récit

- **La méthode Snowflake** : Développement progressif d'une intrigue complexe

En demandant à l'IA de proposer des idées pour chaque étape, l'auteur peut affiner la dynamique de son récit.

Exemple d'utilisation pour un roman policier

1. **Présentation du détective et du mystère initial**
2. **Les premiers indices et fausses pistes**
3. **Révélation du suspect principal, mais avec des doutes**
4. **Rebondissement et nouveau suspect**
5. **Confrontation finale et résolution**

L'IA peut générer plusieurs variations de cette trame, permettant à l'auteur de choisir celle qui correspond le mieux à son style.

Conclusion

L'intelligence artificielle est un formidable outil pour aider les écrivains à chaque étape de la planification. Elle permet de générer des idées, d'organiser un plan détaillé et d'affiner la trame narrative. Cependant, l'auteur reste le maître du processus, utilisant l'IA comme un assistant pour enrichir et structurer son projet d'écriture.

Dans le prochain chapitre, nous verrons comment utiliser l'IA pour **rédiger efficacement son livre**, en optimisant la productivité et en améliorant la qualité du texte.

CHAPITRE 3 : ÉCRIRE UN LIVRE RAPIDEMENT AVEC L'IA

L'intelligence artificielle permet aujourd'hui d'accélérer considérablement le processus d'écriture, en générant du texte, en proposant des idées et en structurant le contenu. Toutefois, il est essentiel de trouver le bon équilibre entre assistance technologique et créativité personnelle. Dans ce chapitre, nous allons explorer comment rédiger efficacement un livre avec l'IA, tout en conservant un style unique et en garantissant une cohérence narrative.

---

1. Rédiger des paragraphes et des chapitres en s'appuyant sur l'IA

L'IA peut être utilisée à différents niveaux du processus d'écriture, que ce soit pour générer une première ébauche, proposer des tournures de phrases plus impactantes ou encore développer des descriptions immersives.

Utiliser l'IA pour rédiger plus vite

• Donner des instructions précises à l'IA pour générer des textes pertinents. Exemple : « Rédige un paragraphe descriptif sur un paysage de montagne en hiver. »

• Diviser son livre en sections claires et demander

à l'IA d'élaborer du contenu sur chaque sous-partie.

• Utiliser l'IA pour reformuler et enrichir un texte existant.

Créer du contenu engageant avec l'IA

• Demander à l'IA de produire des dialogues réalistes en fournissant des indications sur les personnages.

• Générer des descriptions détaillées pour enrichir les scènes et l'ambiance du livre.

• Utiliser l'IA pour créer des variantes d'un même passage afin de choisir la version la plus percutante.

---

2. Trouver son style et éviter la surdépendance à l'IA

L'un des défis majeurs de l'écriture assistée par IA est de ne pas perdre son identité d'auteur. L'IA est un outil puissant, mais elle ne doit pas se substituer à la voix de l'écrivain.

Développer un style personnel

• Lire et retravailler les suggestions de l'IA pour les adapter à son ton et à son intention.

• S'assurer que le texte reflète l'émotion et l'authenticité de l'auteur, et non un style générique.

• Expérimenter différentes formulations et sélectionner celles qui correspondent le mieux à son style littéraire.

Limiter la dépendance à l'IA

• Ne pas automatiser l'ensemble du processus d'écriture, mais utiliser l'IA comme un assistant créatif.

• Écrire certaines parties du livre sans IA pour conserver une touche humaine.

• Vérifier systématiquement la qualité et la fluidité du texte généré avant de l'intégrer au livre.

---

3. Gérer la cohérence et le flux narratif

L'IA peut générer du texte rapidement, mais elle ne garantit pas toujours une continuité logique dans le récit. Il est donc crucial de veiller à la cohérence et à la fluidité du texte.

Assurer une progression fluide du récit

• Relire chaque chapitre pour s'assurer qu'il s'intègre bien dans l'ensemble du livre.

• Utiliser des outils de mind mapping et des résumés IA pour garder une vision claire de l'évolution du récit.

• Vérifier la cohérence des personnages, des événements et du ton narratif.

Utiliser l'IA pour améliorer la structure

• Demander un résumé des chapitres précédents afin de garantir une bonne continuité.

• Poser des questions à l'IA sur des incohérences potentielles. Exemple : « Y a-t-il une contradiction entre le chapitre 3 et le chapitre 5 ? »

• Générer des variantes de transitions entre les chapitres pour améliorer la fluidité.

Conclusion

L'IA offre un potentiel énorme pour accélérer l'écriture d'un livre, mais elle ne remplace pas la créativité et l'authenticité de l'auteur. En l'utilisant intelligemment, il est possible d'écrire plus rapidement tout en conservant unstyle unique et une narration fluide. Dans le chapitre suivant, nous verrons comment peaufiner et améliorer un texte grâce aux outils d'IA.

CHAPITRE 4 : AMÉLIORER ET PEAUFINER SON TEXTE AVEC L'IA

L'écriture d'un livre ne s'arrête pas à la première version du texte. La révision et l'édition sont des étapes cruciales pour transformer un brouillon en un ouvrage abouti. Grâce à l'intelligence artificielle, il est désormais possible d'améliorer la clarté, le style et la fluidité du texte de manière efficace et rapide.

Dans ce chapitre, nous allons explorer comment utiliser l'IA pour :

1. Améliorer la qualité de l'écriture.
2. Corriger la grammaire et optimiser le style.
3. Revoir et éditer un texte avec des outils d'IA.

1. Utiliser l'IA pour améliorer la qualité de l'écriture

Un bon texte se distingue par sa fluidité, sa clarté et son impact sur le lecteur. L'IA peut aider les écrivains à affiner leur écriture en suggérant des améliorations stylistiques et en détectant les faiblesses du texte.

Comment l'IA peut-elle améliorer un texte ?

Les outils d'IA comme ChatGPT, Grammarly, ProWritingAid ou Quillbot peuvent aider à :

- **Rendre les phrases plus claires et concises** en supprimant les formulations lourdes ou redondantes.
- **Éviter les maladresses** en détectant les tournures confuses ou inappropriées.
- **Suggérer des synonymes et des reformulations** pour enrichir le vocabulaire et éviter les répétitions.
- **Adapter le ton et le style** en fonction du public cible et du genre littéraire.

Exemple d'amélioration par l'IA

Avant :

Il était évident que le personnage principal, étant donné ses expériences passées, aurait probablement des difficultés à faire confiance aux autres.

Après l'intervention de l'IA :

Avec son passé, le personnage principal aurait du mal à accorder sa confiance.

L'IA aide ainsi à rendre l'écriture plus percutante et fluide.

Les limites et précautions à prendre

Bien que les suggestions de l'IA soient souvent pertinentes, il est important de :

- **Garder son style personnel** et ne pas suivre aveuglément toutes les recommandations.
- **Vérifier la cohérence** des modifications pour éviter des erreurs de sens.
- **Utiliser l'IA comme un assistant et non comme un remplaçant** du travail d'édition.

---

2. Correction grammaticale et optimisation du style

Les fautes de grammaire, d'orthographe et de syntaxe peuvent nuire à la qualité d'un livre. Heureusement, l'IA permet de détecter et corriger ces erreurs rapidement.

Les meilleurs outils pour la correction

- **Grammarly** : Outil puissant pour corriger les erreurs grammaticales et améliorer la clarté du texte en anglais.
- **Antidote** : Excellent correcteur pour le français, intégrant des explications linguistiques détaillées.
- **LanguageTool** : Alternative open-source couvrant plusieurs langues, y compris le français.
- **Scribens** : Correcteur simple et efficace pour repérer les fautes de frappe et de grammaire.

Comment l'IA optimise le style ?

En plus de la correction grammaticale, l'IA peut aider à :

- **Réduire la voix passive** pour rendre le texte plus dynamique.
- **Supprimer les adverbes inutiles** qui alourdissent le style.
- **Améliorer le rythme des phrases** en suggérant des coupures ou des reformulations.
- **Adapter le ton à l'intention du livre** (formel, narratif, pédagogique, etc.).

Exemple d'amélioration stylistique

Avant :

Il est souvent remarqué que les écrivains ont une tendance à utiliser trop d'ad-

verbes afin de renforcer leurs phrases.

Après correction par l'IA :

Les écrivains abusent souvent des adverbes pour renforcer leurs phrases.

Le texte devient plus direct et efficace.

Quand et comment utiliser la correction IA ?

1. **Après la première rédaction** : Passer son texte dans un correcteur IA pour éliminer les fautes majeures.
2. **Pendant la révision** : Laisser l'IA suggérer des améliorations stylistiques et les valider une par une.
3. **Avant la publication** : Effectuer une dernière vérification avec un correcteur avancé pour éviter les erreurs résiduelles.

L'IA ne remplace pas un relecteur humain, mais elle permet d'effectuer un premier travail de correction efficace et rapide.

3. Relecture et éditions assistées par l'IA

L'étape finale avant la publication d'un livre est la phase d'édition et de relecture. C'est ici que l'auteur affine les détails et s'assure de la cohérence globale du texte.

Utiliser l'IA pour une relecture approfondie

L'IA peut détecter des problèmes que l'auteur ne voit plus après plusieurs relectures, comme :

- **Les incohérences dans l'intrigue ou l'argumentation.**
- **Les répétitions excessives de mots ou d'idées.**
- **Les phrases trop longues ou difficiles à comprendre.**
- **Les erreurs de mise en page ou de typographie.**

Des outils comme Hemingway Editor aident à identifier les phrases complexes et les lourdeurs stylistiques.

Exemple d'édition IA pour un livre narratif

Avant :

Le héros, pris de panique, courut rapidement vers la porte avant de s'arrêter sou-

dainement, pensant qu'il pourrait être piégé s'il ouvrait trop vite.

Après l'édition IA :

Pris de panique, le héros courut vers la porte, puis s'arrêta net, craignant un piège.

Le texte devient plus fluide et impactant.

Les limites de l'édition par IA

L'IA peut grandement aider à l'édition, mais elle ne remplace pas :

- **La sensibilité humaine** : Certaines nuances de style ou d'émotion échappent encore aux algorithmes.
- **Le jugement de l'auteur** : Tous les conseils de l'IA ne sont pas forcément adaptés au contexte du livre.
- **Une relecture professionnelle** : Pour un livre publié, faire appel à un éditeur ou un correcteur humain reste recommandé.

Conclusion

L'intelligence artificielle est un atout considérable pour améliorer et peaufiner un texte. Elle permet de gagner du temps, d'optimiser la qualité de l'écriture et de faciliter le processus de révision. Cependant, l'auteur reste maître de son œuvre et doit utiliser l'IA comme un assistant, et non comme un substitut à son travail créatif.

Dans le prochain chapitre, nous explorerons comment **publier et promouvoir son livre avec l'aide de l'IA**, en utilisant les outils numériques pour maximiser la visibilité et le succès de son ouvrage.

CHAPITRE 5 : MISE EN FORME ET MISE EN PAGE AUTOMATISÉES

Une fois le texte rédigé et affiné, il reste une étape essentielle avant la publication : la mise en page et la préparation du manuscrit. Une mise en forme soignée améliore la lisibilité et l'expérience du lecteur. Grâce aux outils d'intelligence artificielle, il est désormais possible d'automatiser une grande partie de ce processus, allant du formatage du texte à la création de la couverture.

Dans ce chapitre, nous allons voir comment :

1. Utiliser l'IA pour la mise en page et le formatage.
2. Créer une couverture professionnelle avec l'IA.
3. Préparer son manuscrit pour l'autoédition.

1. Utiliser l'IA pour la mise en page et le formatage

La mise en page joue un rôle clé dans la lisibilité d'un livre, que ce soit en format papier ou numérique. Une présentation bien structurée donne un aspect professionnel et facilite la lecture.

Les outils d'IA pour automatiser la mise en page

Aujourd'hui, plusieurs outils permettent de formater un manuscrit rapidement et efficacement :

- **Atticus** : Un logiciel tout-en-un qui permet de formater et styliser son livre pour Kindle, EPUB et impression papier.
- **Reedsy Book Editor** : Un éditeur en ligne qui automatise la mise en page en fonction du format choisi.
- **Vellum** : Très apprécié des auteurs autoédités pour sa simplicité et ses modèles professionnels.
- **Canva (avec IA intégrée)** : Utile pour la mise en page de livres numériques interactifs et de guides illustrés.

Comment l'IA aide à structurer le texte ?

L'intelligence artificielle peut :

- **Générer une table des matières automatiquement** en détectant les titres de chapitres et sous-chapitres.
- **Adapter le format du texte** en fonction des standards de publication (Kindle, EPUB, PDF, impression).
- **Optimiser l'espacement et l'alignement** pour améliorer la lisibilité.
- **Appliquer des styles professionnels** (polices, marges, en-têtes et pieds de page).

Exemple de mise en page optimisée par IA

Avant IA : Un document brut sous Word, sans mise en page claire.

Après IA : Un fichier formaté avec des chapitres bien structurés, une police cohérente et un alignement harmonieux.

L'IA réduit considérablement le temps passé sur cette étape technique, permettant à l'écrivain de se concentrer sur le contenu.

---

2. Créer une couverture professionnelle avec l'IA

Une couverture impactante est essentielle pour attirer l'attention des lecteurs. C'est le premier élément visuel qui influence leur décision d'achat.

Les outils d'IA pour la création de couvertures

- **Canva (avec IA intégrée)** : Propose des modèles personnalisables et des suggestions de design basées sur des algorithmes d'IA.
- **Adobe Firefly** : Génère des visuels réalistes à partir d'instructions textuelles.
- **MidJourney et DALL·E** : Créent des illustrations uniques en fonction d'une description donnée.
- **BookBrush** : Outil spécialisé dans la création de couvertures de livres et de visuels marketing.

Étapes pour créer une couverture avec l'IA

1. **Définir le style et le message** : Choisir une ambiance adaptée au genre du livre (policier, développement personnel, fantasy, etc.).
2. **Générer un visuel avec une IA** : Utiliser un outil comme MidJourney ou DALL·E pour obtenir une image originale.
3. **Personnaliser la mise en page** : Ajouter le

titre, le nom de l'auteur et les éléments graphiques via Canva ou Adobe Firefly.

4. **Vérifier les normes techniques** : S'assurer que la résolution et le format correspondent aux exigences des plateformes d'autoédition (Amazon KDP, IngramSpark...).

Exemple de création de couverture avec l'IA

1. **Commande IA** : *"Créer une illustration minimaliste et élégante pour un livre sur l'écriture avec l'IA, couleurs sobres, police moderne."*
2. **Résultat** : Une image adaptée avec un rendu professionnel.
3. **Finalisation avec Canva** : Ajout du titre, du sous-titre et des ajustements de couleurs.

Avec ces outils, même un auteur sans compétences en design peut obtenir une couverture percutante et attrayante.

3. Préparer son manuscrit pour l'autoédition

Une fois la mise en page et la couverture prêtes, il faut s'assurer que le livre est conforme aux standards des plateformes d'autoédition.

Les formats de fichiers adaptés à l'autoédition

- **EPUB** : Idéal pour les ebooks, compatible avec Kindle et autres liseuses.
- **PDF** : Format recommandé pour l'impression papier.
- **MOBI** : Ancien format Kindle, encore utilisé par certains lecteurs.

Comment l'IA aide à préparer le manuscrit ?

- **Conversion automatique** : Des outils comme Draft2Digital ou Calibre transforment un fichier Word en EPUB ou PDF prêt à publier.
- **Vérification des erreurs** : L'IA détecte les incohérences de formatage (marges, numérotation des pages, césures incorrectes).
- **Création de métadonnées** : Rédaction automatique des descriptions, mots-clés et résumés optimisés pour le référencement sur les plateformes.

Exemple de processus automatisé d'autoédition

1. **Mise en forme avec Reedsy ou Atticus.**
2. **Conversion en EPUB et PDF avec Draft2Digital.**

3. **Vérification finale avec Kindle Previewer**.

4. **Soumission sur Amazon KDP ou Ingram-Spark en quelques clics**.

Grâce à l'IA, l'autoédition devient plus accessible et rapide, permettant aux auteurs de publier leurs livres de manière professionnelle sans dépendre d'un éditeur traditionnel.

Conclusion

L'intelligence artificielle révolutionne la mise en forme et la mise en page des livres, en offrant des outils puissants pour automatiser la création de manuscrits professionnels. Elle permet de gagner un temps précieux sur des tâches techniques, tout en garantissant un rendu de qualité.

Dans le prochain chapitre, nous verrons comment utiliser l'IA pour **promouvoir et vendre son livre**, en exploitant les algorithmes des plateformes et les stratégies marketing automatisées.

CHAPITRE 6 : STRATÉGIES DE PUBLICATION AVEC L'IA

La publication d'un livre est une étape cruciale pour tout écrivain. Deux options principales s'offrent aux auteurs : l'autoédition et l'édition traditionnelle. Grâce à l'intelligence artificielle, il est désormais plus facile de publier son ouvrage rapidement et efficacement.

Dans ce chapitre, nous allons explorer :

1. Autoédition vs édition traditionnelle : où l'IA peut aider ?
2. Publier sur Amazon KDP et autres plateformes.
3. Optimiser les métadonnées et descriptions avec l'IA.

1. Autoédition vs édition traditionnelle : où l'IA peut aider ?

Les différences entre autoédition et édition traditionnelle

Critères	Autoédition	Édition traditionnelle
Contrôle	Total (contenu,	Limité (l'éditeur décide

	design, prix)	de nombreux aspects)
Temps de publication	Rapide (quelques jours)	Long (plusieurs mois, voire années)
Coût initial	À la charge de l'auteur	Prise en charge par l'éditeur
Revenus	Royautés élevées (jusqu'à 70%)	Faibles royalties (5 à 15%)
Marketing	À la charge de l'auteur	Soutien de l'éditeur (mais limité pour les nouveaux auteurs)

L'intelligence artificielle peut être un atout majeur, quel que soit le choix de l'auteur.

Comment l'IA aide dans chaque option ?

1. Dans l'autoédition

- **Rédaction et correction** : IA pour améliorer la qualité du texte.
- **Mise en page et couverture** : Outils IA comme Reedsy, Atticus, Canva.
- **Optimisation des métadonnées** : IA pour rédiger des descriptions attractives et SEO-friendly.
- **Marketing automatisé** : Publicités ciblées avec des outils IA (Facebook Ads, Amazon Ads).

2. Dans l'édition traditionnelle

- **Recherche d'éditeurs et d'agents** : IA pour analyser les tendances et trouver les bons contacts.

- **Optimisation du manuscrit** : Amélioration du texte avant soumission à un éditeur.
- **Rédaction de lettres de soumission** : IA pour générer des propositions percutantes.

L'IA donne aux auteurs plus d'autonomie pour publier et promouvoir leur travail efficacement.

2. Publier sur Amazon KDP et autres plateformes

Amazon Kindle Direct Publishing (KDP) est la plateforme la plus populaire pour l'autoédition, mais il existe d'autres alternatives.

Les principales plateformes d'autoédition

- **Amazon KDP** : Idéal pour publier en numérique et en papier, avec une large audience.
- **Kobo Writing Life** : Très utilisé en Europe et au Canada.
- **Apple Books** : Ciblant les utilisateurs d'Apple.
- **Draft2Digital** : Distribue sur plusieurs pla-

teformes (Barnes & Noble, Apple Books, etc.).

· **IngramSpark** : Permet l'impression à la demande pour une large distribution physique.

Utiliser l'IA pour optimiser la publication

1. **Formatage automatique** : Des outils comme Atticus, Vellum et Reedsy simplifient la mise en page pour qu'elle soit conforme aux standards d'Amazon et des autres plateformes.

2. **Création d'une description engageante** : L'IA peut rédiger une présentation optimisée pour le référencement et la conversion des lecteurs.

3. **Choix des catégories et mots-clés** : Des outils comme Publisher Rocket utilisent l'IA pour identifier les meilleures catégories et mots-clés sur Amazon.

4. **Génération de couvertures adaptées aux standards des plateformes** : Grâce à Canva ou Adobe Firefly, l'IA peut produire une couverture professionnelle et optimisée.

Processus de publication sur Amazon KDP (avec IA)

1. **Créer un compte KDP** sur kdp.amazon.com.

2. **Télécharger le manuscrit** formaté avec un

outil IA.

3. **Générer une couverture avec une IA graphique (DALL·E, MidJourney, Canva, etc.).**

4. **Rédiger une description optimisée** à l'aide d'une IA de rédaction.

5. **Sélectionner les catégories et mots-clés** avec un outil IA comme Publisher Rocket.

6. **Fixer un prix compétitif** en utilisant des outils d'analyse de marché.

7. **Lancer la publication** et surveiller les performances grâce aux outils analytiques d'Amazon.

L'IA simplifie chaque étape, rendant la publication plus accessible aux auteurs indépendants.

3. Les métadonnées et descriptions optimisées avec l'IA

Les métadonnées (titre, description, mots-clés, catégories) sont essentielles pour la visibilité d'un livre. Une bonne optimisation permet d'attirer plus de lecteurs et d'améliorer le classement sur les plateformes.

Utiliser l'IA pour rédiger une descrip-

tion impactante

Une description efficace doit être :

☐ Claire et concise.

☐ Engagée et émotionnelle.

☐ Optimisée avec des mots-clés pour le référencement.

Exemple avant IA :

"Ce livre parle de l'IA et de l'écriture. Il vous aidera à devenir écrivain grâce aux outils modernes."

Exemple après IA :

"Découvrez comment l'intelligence artificielle révolutionne l'écriture ! Ce guide complet vous montre comment utiliser les meilleurs outils d'IA pour générer des idées, structurer votre livre, optimiser votre style et publier votre manuscrit en toute simplicité. Que vous soyez débutant ou auteur confirmé, ce livre vous aidera à écrire plus rapidement et efficacement grâce à l'IA. Rejoignez la nouvelle génération d'écrivains et transformez votre créativité en succès !"

Des outils comme **ChatGPT, Jasper AI**

et Copy.ai permettent de générer des descriptions percutantes en quelques secondes.

Choisir les bons mots-clés avec l'IA

L'IA peut analyser les tendances et suggérer des mots-clés pertinents. Des outils comme :

- **Publisher Rocket** (pour Amazon)
- **Google Keyword Planner** (SEO global)
- **KDP Spy** (analyse des tendances de livres)

peuvent aider à identifier les mots-clés qui attirent plus de lecteurs.

Exemple de mots-clés optimisés :

Avant IA : *écriture, intelligence artificielle, livre*

Après IA : *écriture assistée par IA, autoédition IA, devenir écrivain avec IA, outils IA pour auteurs, livre numérique IA*

Sélectionner les bonnes catégories sur Amazon

L'IA peut aider à trouver les catégories les plus rentables. Par exemple, un livre sur l'IA et l'écriture peut être classé

dans :
✔ **Écriture et publication**
✔ **Innovation technologique**
✔ **Livres sur l'autoédition**

Les catégories bien choisies améliorent le classement et la visibilité du livre.

Conclusion

L'intelligence artificielle offre un avantage considérable dans la publication d'un livre, en simplifiant chaque étape du processus :

☐ Choisir entre autoédition et édition traditionnelle.

☐ Publier sur les principales plateformes avec des outils IA.

☐ Optimiser les métadonnées pour maximiser la visibilité.

Grâce à ces stratégies, n'importe quel auteur peut réussir à publier un livre et atteindre un large public.

Dans le prochain chapitre, nous verrons comment **promouvoir et vendre**

un livre en utilisant l'IA, en exploitant les algorithmes de publicité et les outils de marketing automatisé.

CHAPITRE 7 : MARKETING ET PROMOTION BOOSTÉS PAR L'IA

Publier un livre est une chose, mais le faire connaître et le vendre en est une autre. Grâce à l'intelligence artificielle, les auteurs disposent aujourd'hui d'outils puissants pour automatiser et optimiser leur marketing. De la génération de contenu promotionnel à l'analyse des audiences, en passant par la gestion des publicités et des réseaux sociaux, l'IA permet de maximiser l'impact de chaque action marketing.

Dans ce chapitre, nous verrons :

1. Générer du contenu marketing avec l'IA.
2. Stratégies de réseaux sociaux et publicités automatisées.
3. Utiliser l'IA pour analyser son audience et améliorer ses ventes.

1. Générer du contenu marketing avec l'IA

Le marketing d'un livre repose sur la création de contenus engageants pour attirer l'attention des lecteurs potentiels. L'IA permet de générer du contenu en quelques secondes tout en assurant cohérence et pertinence.

Créer des descriptions et pages de vente optimisées

Un bon résumé est essentiel pour capter l'intérêt des lecteurs. Des outils comme **ChatGPT, Jasper AI et Copy.ai** peuvent générer des descriptions percutantes, adaptées aux plateformes de vente.

Exemple avant IA :

"Mon livre traite de l'intelligence artificielle et de l'écriture. Il vous apprendra à utiliser ces outils pour mieux écrire."

Exemple après IA :

"Découvrez comment l'IA révolutionne l'écriture ! Ce guide pratique vous donne les clés pour exploiter l'intelligence artificielle et transformer vos idées en un livre

captivant. Que vous soyez un auteur débutant ou confirmé, l'IA vous aidera à écrire plus vite, mieux et à toucher un large public."

Rédiger des articles de blog et newsletters

Les blogs et newsletters sont des moyens efficaces de créer une relation avec les lecteurs. L'IA peut générer des articles optimisés pour le SEO en quelques minutes.

➡ **Outils recommandés** : Writesonic, Frase.io, SurferSEO.

➡ **Idées d'articles générés par IA** :

- "Comment l'IA aide les écrivains à trouver l'inspiration"
- "10 outils d'IA pour booster votre écriture"
- "Autoédition vs édition traditionnelle : quelle est la meilleure option en 2025 ?"

Créer des scripts de vidéos et podcasts

Les vidéos et podcasts sont des formats de plus en plus populaires. L'IA peut générer des scripts captivants pour des vidéos YouTube, TikTok ou des épisodes de podcast.

➡ **Outils recommandés** : Descript, Pictory AI, Synthesia (pour générer des vidéos avec avatars IA).

2. Stratégies de réseaux sociaux et publicités automatisées

Les réseaux sociaux sont incontournables pour promouvoir un livre. Cependant, gérer plusieurs plateformes peut être chronophage. L'IA permet d'automatiser et d'optimiser ces tâches.

Créer du contenu engageant sur les réseaux sociaux

L'IA peut générer des posts adaptés à chaque réseau social :

- **Twitter/X** : Citations percutantes, threads sur les coulisses de l'écriture.
- **Instagram** : Carrousels éducatifs, visuels attractifs avec Canva AI.
- **Facebook** : Annonces de sortie, extraits exclusifs.
- **TikTok & YouTube Shorts** : Vidéos courtes

avec voix et avatars générés par IA.

➡ Outils recommandés : ChatGPT pour les textes, Canva AI pour les visuels, InVideo pour les vidéos courtes.

Automatiser les publicités avec l'IA

Lancer des publicités sur Facebook, Instagram et Amazon Ads peut être complexe. Heureusement, l'IA permet d'optimiser les campagnes publicitaires :

- **Publicité ciblée** : L'IA analyse les données pour toucher les lecteurs les plus susceptibles d'acheter votre livre.
- **Optimisation des annonces** : Création automatique de textes publicitaires et tests A/B pour maximiser les conversions.

➡ Outils recommandés :

- AdCreative.ai : Génère des visuels et textes publicitaires.
- Facebook Ads Manager + IA : Ajuste les audiences et budgets automatiquement.
- Amazon Ads + IA : Optimise les mots-clés et le placement des annonces pour maximiser les ventes.

3. Utiliser l'IA pour analyser son au-

dience et améliorer ses ventes

L'IA ne sert pas uniquement à générer du contenu, elle permet aussi d'analyser les performances de son livre et d'adapter sa stratégie marketing.

Analyser les ventes et optimiser les stratégies

➡ **Outils recommandés** :

- **Kindlepreneur (Publisher Rocket)** : Analyse les tendances et la concurrence sur Amazon.
- **Google Analytics** : Suivi du trafic des blogs et sites d'auteur.
- **Facebook Insights et Amazon KDP Reports** : Analyse des performances des campagnes publicitaires et des ventes.

Comprendre son audience avec l'IA

L'IA permet d'analyser qui sont vos lecteurs et ce qu'ils aiment. Par exemple :

- **Quels sujets fonctionnent le mieux ?** Analyse des commentaires et avis pour ajuster le marketing.
- **Quels types de publicités convertissent le plus ?** L'IA ajuste automatiquement les campagnes pour maximiser le ROI.

➡ **Outils recommandés** :

- **Brandwatch** : Analyse des tendances et du comportement des lecteurs.
- **Google Trends** : Identifie les sujets populaires liés à votre livre.

Automatiser l'email marketing avec l'IA

L'emailing est une stratégie puissante pour fidéliser son audience. L'IA permet d'envoyer des emails personnalisés et automatisés.

➡ **Outils recommandés** :

- **ConvertKit** : Automatisation des séquences d'emailing pour les auteurs.
- **ChatGPT + Mailchimp** : Génération d'emails personnalisés en fonction des préférences des abonnés.

Exemple d'email généré par IA :

 Objet : Découvrez les secrets de l'IA pour écrire un best-seller !

"Bonjour [Prénom],
Vous souhaitez écrire un livre mais vous manquez de temps ou d'inspiration ? Mon nouveau guide vous montre comment l'IA

peut transformer votre processus d'écriture et de publication. Téléchargez gratuitement un extrait dès maintenant !"

➡ **Appel à l'action** : [Lien vers l'extrait gratuit]

Conclusion

L'intelligence artificielle révolutionne le marketing des auteurs en offrant des outils puissants pour :

☐ Générer du contenu engageant (descriptions, articles, vidéos, publicités).

☐ Automatiser la gestion des réseaux sociaux et des campagnes publicitaires.

☐ Analyser l'audience et ajuster les stratégies pour maximiser les ventes.

Avec ces stratégies, chaque auteur peut toucher un public plus large et vendre plus de livres sans effort excessif.

Dans le prochain chapitre, nous verrons **comment utiliser l'IA pour créer une marque d'auteur solide et durable**.

CHAPITRE 8 : MONÉTISER SON TALENT D'ÉCRIVAIN AVEC L'IA

L'intelligence artificielle ne se limite pas à faciliter le processus d'écriture. Elle offre également de nombreuses opportunités pour monétiser son talent d'auteur. Que ce soit en vendant des ebooks, en proposant des services d'écriture ou en diversifiant ses sources de revenus, l'IA permet aux écrivains de rentabiliser leur passion plus facilement et rapidement.

Dans ce chapitre, nous allons explorer trois moyens concrets de générer des revenus en tant qu'écrivain grâce à l'IA :

1. **Écrire des ebooks et des guides pratiques lucratifs**
2. **Utiliser l'IA pour proposer des services d'écriture (ghostwriting, copywriting)**
3. **Diversifier ses sources de revenus grâce à l'IA**

---

1. Écrire des ebooks et des guides

pratiques lucratifs

Les ebooks sont l'un des moyens les plus accessibles et rentables de monétiser son talent d'écrivain. Grâce à l'IA, il est possible de créer rapidement des livres de qualité et de les vendre sur diverses plateformes.

Pourquoi écrire des ebooks avec l'IA ?

L'IA peut faciliter chaque étape de la création d'un ebook :

□ **Génération d'idées et de plans** : Trouver des sujets pertinents et structurer le contenu.

□ **Rédaction rapide** : Rédiger des chapitres de manière fluide avec des outils comme ChatGPT ou Jasper AI.

□ **Optimisation et mise en forme** : Améliorer le style et corriger les erreurs avec Grammarly et ProWritingAid.

Quels types d'ebooks écrire ?

L'IA permet de créer plusieurs types de contenus monétisables :

· **Guides pratiques et livres éducatifs** : Par

exemple, « *Comment écrire un roman en 30 jours avec l'IA* » ou « *Stratégies de marketing digital pour auteurs* ».

- **Fictions automatisées** : L'IA peut aider à générer des idées de romans, des dialogues et même des intrigues.
- **Recueils d'articles ou essais** : Transformer ses articles de blog en ebook vendable.

Où vendre ses ebooks ?

Une fois votre ebook prêt, il peut être publié sur plusieurs plateformes :

➡ **Amazon KDP** : La plus grande plateforme d'autoédition.

➡ **Gumroad, Payhip, Etsy** : Pour vendre directement aux lecteurs.

➡ **Google Play Books, Apple Books, Kobo** : Pour diversifier ses sources de revenus.

Astuce : L'IA peut aussi aider à optimiser la couverture et la description de l'ebook pour attirer plus de lecteurs (via MidJourney, Canva AI, ou AdCreative.ai).

---

2. Utiliser l'IA pour proposer des ser-

vices d'écriture (ghostwriting, co-pywriting)

Si vous aimez écrire mais ne voulez pas forcément publier sous votre propre nom, l'IA peut vous aider à proposer des services d'écriture rémunérés.

Le ghostwriting : écrire pour les autres

Le ghostwriting consiste à écrire des livres ou articles pour des clients qui les publieront sous leur nom. Grâce à l'IA, il est possible de produire du contenu plus rapidement, ce qui permet de travailler sur plusieurs projets en parallèle et d'augmenter ses revenus.

➡ Plateformes pour proposer ses services :

- **Upwork, Fiverr, Freelancer** : Pour trouver des clients cherchant un ghostwriter.
- **Reedsy** : Spécialisé dans le ghostwriting de livres.
- **LinkedIn** : Trouver des entrepreneurs et influenceurs ayant besoin de contenu.

Le copywriting assisté par l'IA

Le copywriting est une autre opportunité lucrative. Il s'agit d'écrire des textes persuasifs pour vendre des produits ou services. L'IA peut générer des emails marketing, des pages de vente, des scripts de publicités, etc.

➡️ **Outils recommandés** :

- **Writesonic, Copy.ai, Jasper AI** : Pour générer du contenu marketing efficace.
- **Grammarly, Hemingway Editor** : Pour améliorer la lisibilité et la clarté du texte.

⬜ **Tarification** : Un copywriter débutant peut facturer **50 à 200 €** par texte, tandis qu'un expert peut atteindre **1000 € par projet**.

---

3. Diversifier ses sources de revenus grâce à l'IA

En plus des ebooks et du ghostwriting, il existe d'autres moyens de monétiser son talent d'écrivain avec l'IA.

Créer et vendre des formations en ligne

Si vous avez une expertise en écriture,

vous pouvez partager vos connaissances via des formations.

- **Créer un cours sur l'écriture assistée par IA** : *« Comment écrire un livre en 30 jours avec l'IA »*
- **Enseigner le copywriting** : *« Devenir copywriter avec l'IA »*

➡ Outils recommandés :

- **Teachable, Udemy, Podia** : Pour héberger et vendre ses formations.
- **Synthesia AI** : Pour créer des vidéos de cours avec avatars IA.

Monétiser un blog sur l'écriture et l'IA

Un blog bien structuré peut générer des revenus via :

- **L'affiliation** : Promouvoir des outils d'IA et toucher des commissions.
- **Les articles sponsorisés** : Être payé pour parler d'un produit ou service.
- **Les abonnements** : Proposer du contenu exclusif via Patreon ou Substack.

➡ Outils recommandés :

- **WordPress + ChatGPT** : Pour créer des articles optimisés.
- **Google AdSense, Mediavine** : Pour monétiser le trafic du blog.

Créer des prompts IA et les vendre

Les "prompts" sont des instructions spécifiques pour générer du contenu de qualité avec l'IA. Vous pouvez créer des packs de prompts et les vendre sur des plateformes comme **PromptBase**.

➡️ **Exemple de prompts à vendre** :

- · Prompt pour écrire une fiction policière.
- · Prompt pour générer un plan de livre en 10 chapitres.
- · Prompt pour créer des descriptions percutantes sur Amazon.

Conclusion

Grâce à l'IA, un écrivain peut aujourd'hui générer des revenus de multiples façons :

☐ **Vendre des ebooks et guides pratiques**.

☐ **Proposer des services de ghostwriting et copywriting**.

☐ **Diversifier ses revenus via les formations, les blogs, et la vente de prompts IA**.

L'important est de combiner plusieurs de ces stratégies pour maximiser ses gains et bâtir une carrière d'écrivain rentable.

Dans le prochain chapitre, nous verrons **comment bâtir une marque personnelle forte et devenir un auteur influent grâce à l'IA**.

CHAPITRE 9 : L'IA ET LA CRÉATIVITÉ HUMAINE

L'intelligence artificielle a révolutionné le monde de l'écriture en rendant le processus plus rapide et accessible. Cependant, une question fondamentale persiste : **peut-elle remplacer la créativité humaine ?**

Dans ce chapitre, nous allons explorer comment allier IA et créativité personnelle, s'il est possible d'écrire un best-seller avec l'IA, ainsi que les limites et défis éthiques posés par cette technologie.

1. Comment allier IA et créativité personnelle ?

L'IA est un **outil puissant**, mais elle ne peut pas remplacer l'intuition, l'émotion et l'authenticité propres aux écrivains. La meilleure approche consiste donc à **utiliser l'IA comme un assis-**

tant sans perdre sa propre voix créative.

L'IA comme catalyseur d'inspiration

L'IA peut aider les écrivains à :

 Générer des idées et surmonter le syndrome de la page blanche (*exemple : ChatGPT pour brainstormer des concepts*).

 Améliorer le style et la clarté du texte (*Grammarly, ProWritingAid*).

 Automatiser les tâches fastidieuses (*résumé, relecture, mise en page*).

Mais la créativité humaine reste essentielle pour donner une âme au récit. L'auteur doit toujours **revisiter, affiner et ajouter une touche personnelle** au contenu généré.

Équilibrer IA et intuition humaine

Pour éviter un texte trop "robotique", voici quelques bonnes pratiques :

✓ **Réécrire les passages clés** pour y ajouter des émotions.

✓ **Utiliser l'IA pour générer des**

brouillons, puis affiner manuellement.

✓ **Ajouter une touche personnelle** en intégrant anecdotes, expériences et nuances propres à l'auteur.

⬜ **Exemple concret** : Un auteur peut utiliser l'IA pour générer un dialogue de base, puis le réécrire en y ajoutant de la profondeur psychologique et des subtilités propres aux personnages.

---

2. Peut-on écrire un best-seller avec l'IA ?

De nombreux écrivains se demandent s'il est possible de produire un **best-seller** en s'aidant de l'IA. La réponse est **oui, mais pas sans l'intervention humaine**.

Les forces de l'IA dans la création d'un livre à succès

⬜ **Rapidité** : L'IA permet de rédiger un livre en quelques semaines au lieu de plusieurs mois.

⬜ **Structure optimisée** : L'IA peut aider

à construire un plan narratif cohérent et captivant.

⬜ **Aide à la révision** : Des outils comme Hemingway Editor améliorent la clarté et la fluidité du texte.

Pourquoi l'humain reste indispensable ?

Même si l'IA peut générer un livre bien structuré, **les best-sellers sont souvent caractérisés par une voix unique, un message puissant et une résonance émotionnelle profonde**. Ces éléments sont encore difficiles à reproduire entièrement avec l'IA.

⬜ **Exemples de succès avec l'IA :**

- Des auteurs utilisent déjà ChatGPT et Jasper AI pour **coécrire des romans**, notamment dans la science-fiction et la fantasy.
- Des livres "automatisés" se vendent sur **Amazon KDP**, surtout des guides pratiques et des livres de non-fiction.

⚠ **Limite actuelle** : Les romans écrits à 100 % par l'IA manquent souvent de **profondeur émotionnelle et d'origina-**

lité.

3. Les limites et défis éthiques de l'IA dans l'écriture

Si l'IA offre des opportunités incroyables, elle soulève aussi des **questions éthiques** et **des défis techniques**.

Les principales limites de l'IA dans l'écriture

◻ **Manque d'originalité** : L'IA fonctionne en réassemblant des données existantes, ce qui peut mener à des textes génériques.

◻ **Absence d'émotion réelle** : Les descriptions et dialogues manquent parfois de nuances subtiles.

◻ **Erreurs contextuelles** : L'IA peut produire des incohérences dans un récit complexe.

◻ **Exemple** : Une IA pourrait écrire un roman policier avec une intrigue bien ficelée, mais les dialogues et la profondeur psychologique des personnages pourraient sembler artificiels.

Les défis éthiques : qui est l'auteur ?

L'IA soulève aussi des **problèmes juridiques et moraux** :

⚠ **Droits d'auteur** : Qui détient la propriété d'un texte généré par l'IA ? L'auteur, l'éditeur ou la plateforme d'IA ?

⚠ **Plagiat involontaire** : L'IA s'entraîne sur des textes existants, ce qui peut conduire à des similarités avec des œuvres existantes.

⚠ **Impact sur les écrivains humains** : Certains redoutent que l'IA remplace progressivement les auteurs et créateurs de contenu.

Vers une collaboration responsable entre humains et IA

Plutôt que de voir l'IA comme une menace, il est préférable de l'envisager comme un **outil complémentaire**. Les écrivains doivent :

✓ **Utiliser l'IA de manière éthique** : éviter de publier du contenu 100 % automatisé.

✓ **S'appuyer sur leur créativité pour se démarquer**.

✓ **Rester transparents** avec leur audience sur l'usage de l'IA.

Conclusion

L'IA est un allié puissant pour les écrivains, mais **elle ne remplacera jamais la créativité humaine**. Un best-seller repose avant tout sur l'émotion, la vision et l'expérience de l'auteur.

 Meilleure approche : Tirer parti de l'IA pour faciliter l'écriture, tout en gardant une touche personnelle.

 Défi majeur : Trouver le bon équilibre entre automatisation et expression humaine.

 Avenir de l'écriture : L'IA pourrait être un levier pour créer **de nouvelles formes de narration hybrides**, combinant intelligence artificielle et talent humain.

Dans le prochain chapitre, nous verrons **comment bâtir une identité d'écrivain à l'ère de l'IA et se différencier sur le marché**.

CHAPITRE 10 : L'ÉVOLUTION DES OUTILS D'IA POUR ÉCRIVAINS

L'intelligence artificielle évolue à un rythme rapide, transformant continuellement le paysage de l'écriture. Ce qui semblait impensable il y a quelques années – comme la génération automatique de romans ou d'articles de blog – est aujourd'hui une réalité.

Dans ce chapitre, nous allons explorer **les tendances actuelles en matière d'IA et d'écriture**, découvrir **les outils émergents** et apprendre **comment rester à jour** pour tirer parti des innovations dans ce domaine.

1. Les tendances actuelles en matière d'IA et d'écriture

L'IA ne cesse de progresser, influençant profondément **le processus d'écriture,**

la création de contenu et l'édition. Voici quelques tendances majeures qui façonnent l'avenir de l'écriture assistée par l'IA :

L'essor des modèles de langage avancés

Les modèles d'IA comme **GPT-4, Claude, Mistral et Gemini** repoussent les limites en matière de génération de texte. Ils sont désormais capables de :

 Générer des textes de plus en plus naturels et fluides.

 Comprendre le **contexte et le ton** d'un écrit avec plus de précision.

 Proposer des idées et structurer des récits complexes.

 Exemple : Un écrivain peut aujourd'hui donner un synopsis de roman à une IA, qui proposera un plan détaillé et des suggestions de développement.

L'amélioration des assistants d'écriture

Les outils d'IA ne se limitent plus à la simple correction grammaticale. Ils offrent désormais des fonctionnalités avancées comme :

✓ **L'analyse du style d'écriture** pour s'adapter à la voix de l'auteur.

✓ **La génération de dialogues et de descriptions** réalistes.

✓ **L'assistance à la traduction et à la localisation** de textes.

Des plateformes comme **Grammarly, ProWritingAid et Sudowrite** utilisent l'IA pour optimiser la **lisibilité et l'impact émotionnel** des textes.

L'IA et la personnalisation des récits

Grâce à l'apprentissage automatique, certaines IA peuvent **adapter un texte à un public spécifique** en fonction de leurs préférences. Par exemple :

☐ Un écrivain de science-fiction peut demander à l'IA de rendre son roman **plus immersif**, en intégrant des descriptions détaillées et un vocabulaire technique adapté.

☐ Un auteur de guides pratiques peut utiliser l'IA pour **simplifier** son contenu en fonction du niveau de connaissance de son lecteur.

---

2. Les outils émergents et leur potentiel

De nouveaux outils d'IA émergent régulièrement, rendant l'écriture **plus intuitive et efficace**. Voici quelques-uns des plus prometteurs :

☐ Générateurs de contenu avancés

- **ChatGPT (OpenAI)** et **Claude (Anthropic)** : Idéal pour **générer des idées, rédiger des chapitres et reformuler du contenu.**

- **Jasper AI** : Conçu pour le **copywriting et le marketing de contenu**, parfait pour la rédaction persuasive.

- **Sudowrite** : Spécialement conçu pour **les romanciers et les écrivains créatifs**, avec des suggestions d'amélioration du style et des descriptions.

☐ IA pour la correction et le style

- **Grammarly** et **ProWritingAid** : Corrigent **grammaire, syntaxe et clarté**, tout en s'adaptant au ton de l'auteur.

- **Hemingway Editor** : Aide à **simplifier et clarifier** le texte en identifiant les phrases complexes.

[3] IA pour la narration et le storytelling

- **NovelAI** : Génère des intrigues et aide à l'écriture de romans en simulant un style littéraire.
- **DeepStory** : Un outil dédié à la **création de scénarios et dialogues immersifs** pour les écrivains et scénaristes.

[4] Outils IA pour la mise en page et la publication

- **Canva + IA** : Permet de **créer des couvertures de livres et des visuels marketing** professionnels.
- **Vellum** : Automatise la mise en page des livres pour **Kindle et formats imprimés**.

[5] Outils d'IA pour l'audio et la narration

- **ElevenLabs et Play.ht** : Génèrent des **livres audio avec des voix IA naturelles**.
- **Descript** : Permet d'éditer du texte et de convertir un manuscrit en **podcast ou livre audio**.

[] Impact : Ces outils ouvrent de nou-

velles possibilités aux écrivains en facilitant **toutes les étapes du processus créatif**, de l'idéation à la publication.

L'évolution rapide des technologies IA signifie que les écrivains doivent **se former continuellement** pour ne pas être dépassés. Voici quelques stratégies pour rester à jour et maximiser le potentiel des outils d'IA :

1 **Suivre l'actualité de l'IA et de l'écriture**

☐ Lire des **blogs spécialisés** :

- OpenAI Blog, Anthropic Blog, AI Writing News.
- Medium (catégorie IA et écriture).

☐ Suivre des **chaînes YouTube** et des **podcasts** sur l'IA :

- "AI Writing Revolution"
- "The AI Author Podcast"

2 **Tester et expérimenter régulièrement**

✔ Essayer **plusieurs outils d'IA** pour trouver ceux qui conviennent le mieux à son style d'écriture.

✔ Intégrer des outils IA dans **différentes étapes** du processus d'écriture : brainstorming, rédaction, relecture.

✔ Combiner IA et intuition humaine pour **optimiser créativité et productivité**.

3 Participer à des formations et des communautés

☐ S'inscrire à des **cours en ligne** sur l'IA et l'écriture (Udemy, Coursera, MasterClass).

☐ Rejoindre des **communautés d'auteurs utilisant l'IA** sur **Reddit, Discord, et LinkedIn** pour échanger des astuces et retours d'expérience.

Conclusion

L'IA révolutionne l'écriture et ouvre des opportunités incroyables pour les écrivains. **Des outils toujours plus avancés**

émergent, rendant l'écriture plus rapide, fluide et accessible.

☐ **Ce que nous avons appris dans ce chapitre** :

☐ L'IA évolue vers des modèles de plus en plus performants, capables de générer et d'optimiser des textes de haute qualité.

☐ De nouveaux outils émergent, facilitant **la narration, la correction, la mise en page et la publication**.

☐ Rester informé et s'adapter est crucial pour **tirer le meilleur parti** des avancées technologiques.

☐ **Et après ?** Dans l'avenir, l'IA continuera à se perfectionner. Les écrivains qui sauront allier **innovation et créativité humaine** auront un avantage considérable dans le monde de l'édition et du contenu numérique.

CHAPITRE 11 : CONSTRUIRE UNE CARRIÈRE D'ÉCRI-VAIN AVEC L'IA

L'intelligence artificielle transforme le monde de l'écriture, offrant aux auteurs des outils pour **écrire plus vite, mieux et avec plus d'impact**. Mais au-delà de l'acte d'écrire, il est essentiel de savoir **se positionner sur le marché, bâtir une audience et évoluer durablement** en tant qu'écrivain à l'ère de l'IA.

Dans ce chapitre, nous allons voir comment **se positionner en tant qu'auteur utilisant l'IA, créer une marque personnelle et fidéliser son public, et évoluer en tant qu'écrivain à l'ère de l'intelligence artificielle**.

1. Se positionner en tant qu'auteur utilisant l'IA

L'IA est encore perçue de manière ambivalente dans le monde de l'édition. Certains y voient une opportunité, d'autres une menace. En tant qu'écrivain, il est essentiel de **se positionner clairement** pour se différencier et tirer parti de cette révolution.

Pourquoi assumer son utilisation de l'IA ?

☐ Cela permet de **montrer une approche moderne et innovante**.

☐ Cela attire un **public curieux** et ouvert à la technologie.

☐ Cela permet d'optimiser **productivité et qualité** tout en restant authentique.

Les différentes stratégies de positionnement

☐ **Option 1 : L'auteur "hybride"**

- Il utilise l'IA comme **un assistant**, mais met en avant **son expertise et sa créativité humaine**.

- Il explique comment il se sert de l'IA pour **accélérer l'écriture tout en gardant une touche personnelle**.

☐ **Option 2 : L'auteur spécialiste de l'IA**

- Il écrit des livres sur l'intelligence artificielle et la création de contenu automatisée.
- Il partage son **expérience et ses techniques d'écriture assistée par IA** via des formations ou des blogs.

☐ Option 3 : L'auteur anonyme et productif

- Il se concentre sur **la production massive de contenu** (ebooks, guides, articles).
- Il publie sous plusieurs pseudonymes et optimise ses œuvres avec l'IA pour maximiser les revenus passifs.

Comment communiquer sur son positionnement ?

☐ **Créer un manifeste d'auteur** : expliquer comment et pourquoi on utilise l'IA.

☐ **Éduquer son audience** : partager des coulisses, des astuces et des réflexions sur l'IA et l'écriture.

☐ **Se spécialiser** : choisir un créneau précis et devenir **référent** sur ce sujet.

2. Créer une marque personnelle et fidéliser son public

Une carrière d'écrivain ne repose pas uniquement sur l'écriture, mais aussi sur la **création d'une marque personnelle** forte. L'IA peut aider à automatiser et optimiser cette démarche.

1 Développer une identité forte

Une marque d'auteur repose sur :

✔ **Un style reconnaissable** (ton, genre, thématiques récurrentes).

✔ **Un message clair** (les valeurs et la mission de l'écrivain).

✔ **Une présence cohérente** (réseaux sociaux, site web, livres, newsletters).

 Outils IA utiles :

- **ChatGPT ou Jasper AI** pour générer du contenu régulier (articles, posts).
- **Canva AI** pour créer des visuels attractifs.
- **Pictory AI** pour transformer des articles en vidéos.

2 Construire une audience engagée

Pour fidéliser son public, il est crucial d'interagir avec ses lecteurs.

 Les meilleures stratégies pour bâtir une audience :

☐ **Blog ou newsletter** : partager des conseils d'écriture et des coulisses.

☐ **Réseaux sociaux** : publier des extraits de livres, poser des questions à la communauté.

☐ **Groupes privés et forums** : animer une communauté autour de ses œuvres.

☐ **Offrir des bonus exclusifs** : proposer des chapitres gratuits, des guides pratiques, etc.

☐ **Automatiser avec l'IA** :

- **ConvertKit ou Mailchimp** pour l'envoi de newsletters personnalisées.
- **Hootsuite ou Buffer** pour programmer les posts sur plusieurs réseaux.

3️⃣ Transformer les lecteurs en fans et en ambassadeurs

L'objectif final est de créer **une communauté fidèle** qui :

✓ **Achète régulièrement** les nouveaux livres.

✓ **Parle de l'auteur et recommande ses œuvres.**

✓

CHAPITRE 12 : DEVENIR UN ÉCRIVAIN À SUCCÈS GRÂCE À L'IA

L'intelligence artificielle ne remplace pas le talent, mais elle peut être **un accélérateur de succès** pour les écrivains modernes. En intégrant l'IA dans son processus d'écriture, un auteur peut **écrire plus rapidement, améliorer la qualité de ses textes et maximiser ses opportunités de publication et de vente**.

Dans ce chapitre, nous allons explorer :

☐ **Les habitudes et stratégies des écrivains modernes** pour réussir dans l'ère numérique.

☐ **Comment construire une discipline d'écriture** en s'appuyant sur l'IA.

☐ **Faire de l'IA un allié pour produire plus et mieux**, sans perdre son authenticité.

1. Les habitudes et stratégies des écrivains modernes

Les écrivains à succès adoptent des stratégies qui vont bien au-delà du simple fait d'écrire. Ils savent **s'organiser, exploiter les technologies et optimiser leur visibilité**.

Les 5 clés du succès d'un écrivain moderne

☐ 1. Écrire régulièrement et de manière stratégique

- Définir un objectif clair (ex. : 1000 mots par jour).
- Utiliser des outils d'IA pour accélérer la rédaction et vaincre le syndrome de la page blanche.

☐ 2. Publier fréquemment

- Adopter une approche "lean publishing" en testant des formats courts avant de publier un livre complet.
- Utiliser l'IA pour générer plusieurs idées et tester ce qui fonctionne le mieux.

☐ 3. Développer une audience et une communauté

- Être présent sur les réseaux sociaux et interagir avec ses lecteurs.
- Utiliser l'IA pour automatiser certaines tâches (ex. : création de newsletters, gestion des réponses aux commentaires).

⬜ 4. Exploiter les opportunités de monétisation

- Diversifier ses revenus : livres numériques, formations, abonnements à du contenu exclusif, conférences.
- Tester différentes plateformes (Amazon KDP, Gumroad, Substack, Patreon).

⬜ 5. Se former en permanence et s'adapter aux nouvelles tendances

- Suivre les évolutions de l'IA et les intégrer dans son processus d'écriture.
- Lire et analyser ce qui fonctionne sur le marché du livre.

⬜ Outils IA utiles :

- **Scrivener + IA** pour organiser ses écrits.
- **ChatGPT ou Jasper AI** pour brainstormer et développer des idées.
- **Midjourney ou Canva AI** pour créer des visuels promotionnels.

2. Construire une discipline d'écriture avec l'IA

L'IA peut jouer un rôle clé dans la construction d'une **routine d'écriture efficace et productive**.

⊞ Planifier ses sessions d'écriture

- Définir un horaire fixe et s'y tenir.
- Utiliser des outils comme **Notion AI** ou **Trello** pour organiser ses projets d'écriture.

② Optimiser son temps avec l'IA

- Générer rapidement un premier jet de texte avec **ChatGPT ou Sudowrite**.
- Utiliser l'IA pour **résumer ses idées et organiser ses chapitres**.

③ Suivre sa progression et rester motivé

- Se fixer des objectifs clairs (nombre de mots, nombre de pages).
- Utiliser des outils de suivi comme **Grammarly Goals ou Scrivener Analytics**.
- Recevoir des rappels automatiques et des suggestions d'amélioration basées sur son style d'écriture.

⊡ **Astuce** : L'IA ne doit pas être une béquille, mais un **assistant** qui permet d'écrire **plus vite et avec plus d'impact**.

3. Faire de l'IA un allié pour écrire plus et mieux

L'IA permet **d'accélérer l'écriture**, mais aussi de l'améliorer en travaillant sur **la qualité du style, la cohérence narrative et la pertinence du contenu**.

1 Booster sa productivité avec l'IA

☐ **Surmonter le syndrome de la page blanche** en générant des idées de départ.

☐ **Structurer son livre** en utilisant des outils comme **ChatGPT, Notion AI ou Scrivener**.

☐ **Rédiger plus rapidement** grâce à des outils qui génèrent des paragraphes basés sur des prompts précis.

2 Améliorer la qualité de son écriture

☐ **Affiner son style** en utilisant des IA spécialisées comme **Grammarly, Pro-WritingAid ou Hemingway Editor**.

☐ **Vérifier la cohérence du texte** grâce à des IA capables d'analyser la trame narrative.

☐ **Corriger les fautes et améliorer la lisibilité** automatiquement.

3 **Tester et optimiser son contenu avant publication**

☐ **Faire des tests A/B sur les titres et les couvertures** grâce à l'IA.

☐ **Analyser les tendances du marché** et adapter son contenu en fonction des attentes du public.

☐ **Préparer des résumés percutants et des descriptions optimisées** pour booster les ventes.

☐ **Exemple concret** : Un écrivain peut rédiger un roman en combinant **idéation avec ChatGPT**, **structuration avec Scrivener AI**, **correction avec Grammarly**, et **optimisation marketing avec Jasper AI**.

Conclusion

Devenir un écrivain à succès à l'ère de l'IA nécessite **un équilibre entre technologie et créativité**. Les écrivains modernes qui adoptent les outils d'IA peuvent **gagner du temps, améliorer leur style et maximiser leurs opportunités**.

 Points clés à retenir :

 L'IA est un levier puissant pour accélérer et améliorer l'écriture, mais elle ne remplace pas la vision et le talent de l'auteur.

 La discipline et la régularité restent essentielles, même avec l'IA.

 Les écrivains qui savent exploiter l'IA intelligemment seront les plus compétitifs dans le monde de l'édition de demain.

 Dernier conseil : Expérimentez, testez différents outils d'IA et trouvez **votre propre équilibre** entre intelligence artificielle et créativité humaine pour bâtir une carrière durable et réussie !

Ils sont classés en plusieurs catégories : **génération d'idées, structuration, rédaction, édition, mise en page, publication et marketing**.

1. Trouver des idées et des thèmes

1. Donne-moi 10 idées originales de livres dans le genre [fantasy, thriller, développement personnel, etc.].

2.Quels sont les sujets tendances pour écrire un livre en [2025] ?

3.Aide-moi à choisir entre ces trois idées de livres : [idée 1], [idée 2], [idée 3].

4. Génère une liste de 20 titres accrocheurs pour un livre sur [sujet].

5. Quels sont les livres les plus vendus dans le domaine de [thème] ? Peux-tu m'en inspirer une idée originale ?

6. Crée un concept unique en mélangeant ces trois thèmes : [thème 1], [thème 2], [thème 3].

7. Génère un résumé de livre captivant sur [sujet].

8. Quels sont les éléments essentiels d'un livre de [genre] réussi ?

9. Propose-moi 5 twists surprenants pour un roman de [genre].

10. Imagine un personnage principal fascinant pour un livre sur [thème].

2. Structurer son livre avec l'IA**

11. Crée un plan détaillé pour un livre sur [sujet].

12. Donne-moi une structure en 10 chapitres pour un livre sur [sujet].

13. Comment organiser mon livre en parties et chapitres pour maximiser son impact ?

14. Génère un sommaire détaillé pour un livre sur [sujet].

15. Donne-moi une trame narrative captivante pour un roman de [genre].

16. Comment rendre mon livre plus fluide et logique dans son enchaînement ?

17. Crée une carte mentale des idées principales d'un livre sur [sujet].

18.Quels sont les éléments incontournables à inclure dans un livre de [type] ?

19. Comment structurer un guide pratique pour qu'il soit engageant et facile à lire ?**

20. Donne-moi une structure efficace pour un ebook court sur [thème].

3. Rédiger plus efficacement avec l'IA**

21. Écris-moi une introduction captivante pour mon livre sur [sujet].

22. Rédige un premier chapitre percutant pour accrocher les lecteurs.

23. Peux-tu rédiger un passage descrip-

tif sur [lieu, émotion, personnage] ?

24.Écris une scène de dialogue réaliste entre deux personnages dans un roman de [genre].

25. Transforme cette phrase simple en une description immersive : "[phrase]."

26.Crée une métaphore puissante pour illustrer [idée ou émotion].

27. Améliore ce paragraphe en le rendant plus engageant et fluide : "[texte]."

28.Génère un paragraphe de transition entre ces deux chapitres : [résumé des chapitres].

29.Peux-tu reformuler ce passage pour qu'il soit plus percutant ? [texte].

30.Écris une conclusion inspirante pour un livre sur [sujet].

4. Améliorer et peaufiner son texte avec l'IA

31.Peux-tu corriger la grammaire et le style de ce texte ? [texte].

32.Réécris ce passage pour qu'il soit plus fluide et engageant : [texte].

33. Ajoute plus d'émotion et de profondeur à ce paragraphe : [texte].

34.Simplifie ce texte pour qu'il soit plus accessible à un large public : [texte].

35.Peux-tu enrichir ce passage avec plus de détails et d'images sensorielles ? [texte].

36.Transforme ce texte en un style plus dynamique et moderne.

37.Améliore la cohérence et la structure de ce chapitre : [chapitre].

38.Détecte et corrige les répétitions dans ce texte : [texte].

39.Peux-tu identifier les passages faibles et proposer des améliorations dans ce texte ? [texte].

40.Rends ce texte plus impactant en optimisant son rythme et son style.

5. Mise en page et formatage automatisés

41.Quels outils IA recommandes-tu pour mettre en forme un livre ?

42.Comment préparer mon manuscrit

pour l'autoédition sur Amazon KDP ?

43.Génère un formatage propre et professionnel pour un ebook en [format : EPUB, PDF].

44.Peux-tu créer une mise en page attrayante pour un livre numérique ?

45.Comment structurer mon livre pour qu'il soit lisible sur Kindle ?

46.Quelles sont les meilleures polices et marges pour un livre imprimé ?

47.Crée une table des matières automatique pour ce livre : [texte].

48.Génère une maquette de couverture attrayante pour un livre sur [sujet].

49. Quels sont les formats standards

pour publier un livre numérique ?

50. Peux-tu proposer une mise en page minimaliste et élégante pour un ebook ?

6. Stratégies de publication avec l'IA**

51.Quelle est la meilleure stratégie pour publier un livre en autoédition ?

52. Comment optimiser la page produit de mon livre sur Amazon KDP ?

53.Génère une description marketing percutante pour mon livre sur [sujet].

54. Comment rédiger une biographie d'auteur engageante pour ma page Amazon ?

55.Quelles plateformes recommandes-tu pour autoéditer un livre ?

56.Comment utiliser l'IA pour optimiser les métadonnées de mon livre ?

57. Peux-tu générer des catégories et mots-clés pertinents pour mon livre sur Amazon ?

58.Crée une accroche percutante pour mon livre dans sa description.

59.Quels sont les avantages et inconvénients de l'autoédition vs édition traditionnelle ?

60. Comment trouver un bon prix de vente pour mon livre ?

7. Marketing et promotion boostés par l'IA

61.Génère un plan marketing complet pour promouvoir mon livre sur [thème].

62. Écris 10 posts attractifs pour promouvoir mon livre sur Instagram.

63.Crée un script publicitaire pour une vidéo YouTube sur mon livre.

64.Quels outils IA recommandes-tu pour automatiser la publicité de mon livre ?

65.Peux-tu générer une séquence d'emails pour le lancement de mon livre ?

66.Comment utiliser ChatGPT pour analyser mon audience et améliorer mes ventes ?

67.Génère des slogans accrocheurs pour promouvoir mon livre.

68.Crée un résumé engageant que je peux utiliser sur les réseaux sociaux.

69.Peux-tu écrire une critique positive fictive pour mon livre ?

70.Comment optimiser mon livre pour apparaître dans les résultats de recherche Amazon ?

8.Développement de l'intrigue et du contenu

71. Crée un schéma narratif basé sur le modèle du "Voyage du Héros".

72.Quels sont les arcs narratifs possibles pour un personnage de [genre] ?

73.Génère une intrigue secondaire captivante pour un roman de [genre].

74.Comment structurer une intrigue à

suspense pour un thriller ?

75.Crée une tension dramatique dans cette scène : [description].

76.Développe une intrigue en trois actes pour un livre de [genre].

77.Quels sont les éléments clés d'un bon cliffhanger ?

78. Écris un retournement de situation inattendu dans cette histoire : [résumé].

79.Donne-moi une idée de fin surprenante pour ce roman : [résumé].

80.Comment rendre une intrigue complexe tout en restant claire pour le lecteur ?

9. Création et développement des personnages

81. Crée un personnage principal avec une psychologie détaillée pour un roman de [genre].

82.Peux-tu proposer 10 noms originaux pour des personnages de fantasy ?

83.Développe une fiche détaillée pour un antagoniste crédible.

84.Quels sont les traits de caractère d'un héros anti-conformiste ?

85.Imagine un dilemme moral fort pour mon personnage principal.

86.Comment rendre un personnage plus attachant aux yeux des lecteurs ?

87.Écris une scène où le protagoniste

doit faire face à son plus grand défaut.

88. Peux-tu générer un dialogue qui révèle les émotions cachées d'un personnage ?

89.Crée une relation complexe entre deux personnages avec des tensions sous-jacentes.

90.Quels sont les archétypes de personnages les plus populaires en littérature ?

10. Description et worldbuilding

91. Décris un paysage enchanteur dans un monde de fantasy.

92. Imagine une ville futuriste et ses principales caractéristiques.

93.Quels détails rendre un monde fictif

crédible et immersif ?

94.Décris l'intérieur d'un manoir hanté en utilisant tous les sens.

95.Crée une culture unique pour un peuple imaginaire.

96.Peux-tu générer des noms de lieux pour un univers de science-fiction ?

97.Comment intégrer du réalisme dans un monde imaginaire ?

98. Décris une scène où un personnage découvre un lieu mystérieux.

99.Crée l'histoire et les coutumes d'une civilisation oubliée.

100.Quels sont les éléments clés pour créer une atmosphère immersive ?

11. Style et ton d'écriture

101.Comment adapter mon style d'écriture à un public jeunesse ?

102.Réécris ce paragraphe avec un ton plus dramatique : [texte].

103.Rends cette phrase plus poétique et imagée : [phrase].

104.Comment améliorer la fluidité de mon écriture ?

105. Quels sont les pièges à éviter pour une écriture plus percutante ?

106.Génère un passage en style "stream of consciousness".

107.Peux-tu simplifier ce texte pour le rendre plus accessible ?

108. Donne-moi 5 astuces pour écrire des descriptions captivantes.

109.Comment créer un effet comique dans un dialogue ?

110.Transforme ce texte en un style plus épuré et moderne : [texte].

12. Révision et amélioration

111. Quels sont les défauts courants dans les premiers brouillons d'un livre ?

112.Peux-tu détecter les faiblesses narratives dans ce chapitre ?

113.Comment éviter les incohérences dans une intrigue complexe ?

114.Quels outils IA recommandes-tu pour améliorer un texte ?

115.Propose une version alternative de cette scène : [texte].

116.Quels sont les mots et expressions à éviter en écriture littéraire ?

117.Rends ce texte plus fluide en supprimant les répétitions : [texte].

118.Améliore ce passage en ajoutant plus de tension dramatique : [texte].

119.Propose une réécriture plus impactante de cette introduction.

120. Comment bien doser les descriptions sans alourdir le texte ?

13. Autoédition et publication

121.Quelles sont les étapes essentielles pour autoéditer un livre ?

122.Comment publier un livre sur Amazon KDP étape par étape ?

123.Quels sont les formats de livre les plus populaires aujourd'hui ?

124.Peux-tu m'expliquer les différences entre un ebook et un livre broché ?

125.Comment obtenir un ISBN et pourquoi est-ce important ?

126. Quels sont les coûts associés à l'autoédition d'un livre ?

127.Comment optimiser les métadonnées pour un livre en ligne ?

128.Quels sont les éléments essentiels d'une couverture de livre réussie ?

129.Comment rédiger un résumé efficace pour la quatrième de couverture ?

130.Quels sont les meilleurs outils pour convertir mon livre en format EPUB ?

14. Promotion et vente

131.Comment bâtir une audience avant de publier un livre ?

132.Quels réseaux sociaux sont les plus efficaces pour promouvoir un livre ?

133.Peux-tu générer une stratégie de lancement en 10 étapes pour mon livre ?

134.Comment utiliser le storytelling

pour vendre plus de livres ?

135. Quelles sont les erreurs courantes en marketing de livre ?

136. Crée un email de lancement percutant pour mon livre.

137. Quels hashtags utiliser pour promouvoir un livre sur Instagram ?

138.Comment optimiser la fiche produit de mon livre sur Amazon ?

139.Propose une idée de campagne publicitaire Facebook pour un livre de [genre].

140. Quels sont les leviers psychologiques qui incitent à l'achat d'un livre ?

15. Monétisation et diversification

des revenus

141. Comment transformer un livre en formation en ligne ?

142. Quelles sont les différentes façons de monétiser un livre ?

143.Peux-tu proposer un plan pour créer une série de livres à succès ?

144.Comment adapter un livre en podcast ou en livre audio ?

145.Quels sont les programmes d'affiliation pour vendre un livre en ligne ?

146.Comment générer des revenus passifs grâce à l'écriture ?

147.Peux-tu créer un script pour vendre mon livre en webinaire ?

148.Comment utiliser une newsletter pour fidéliser son audience ?

149.Quels sont les avantages de proposer un livre en abonnement Kindle Unlimited ?

150. Comment utiliser l'intelligence artificielle pour maximiser ses ventes de livres

16. Stratégies avancées pour écrivains

151. Comment créer une série de livres qui fidélise les lecteurs ?

152.Quels sont les éléments essentiels d'un univers partagé entre plusieurs livres ?

153.Peux-tu proposer une stratégie pour transformer un livre en franchise ?

154. Comment écrire un roman interactif avec des choix multiples ?

155.Quels sont les secrets des auteurs de best-sellers ?

156.Peux-tu analyser le style d'écriture d'un auteur célèbre et me donner des conseils pour m'en inspirer ?

157.Comment intégrer des éléments transmedia à mon livre (jeux, podcasts, vidéos) ?

158. Quels sont les avantages d'écrire sous un pseudonyme ?

159.Comment créer une communauté de lecteurs engagés ?

160.Quels sont les éléments qui rendent un livre inoubliable ?

17. Intelligence artificielle et écriture

161.Comment utiliser ChatGPT pour générer des idées de livres originales ?

162. Peux-tu analyser ce texte et proposer une amélioration stylistique ?

163.Comment utiliser l'IA pour écrire un livre en moins de 30 jours ?

164. Quels sont les meilleurs outils IA pour assister les écrivains en 2024 ?

165.Comment équilibrer créativité humaine et aide de l'IA dans l'écriture ?

166.Quels sont les pièges à éviter en écrivant un livre avec l'IA ?

167.Peux-tu proposer une méthodologie pour coécrire un livre avec ChatGPT ?

168.Comment personnaliser un texte généré par IA pour lui donner plus d'authenticité ?

169.Quels sont les biais possibles dans l'utilisation de l'IA en écriture ?

170.Comment intégrer des prompts IA dans un workflow d'écriture efficace ?

18. Structuration et gestion du temps

171.Comment organiser son temps pour écrire un livre en trois mois ?

172.Quels sont les outils numériques

les plus efficaces pour planifier un livre ?

173.Peux-tu générer un calendrier d'écriture sur 90 jours ?

174.Comment gérer la procrastination en tant qu'écrivain ?

175. Quels sont les rituels des grands écrivains pour booster leur productivité ?

176.Comment utiliser l'IA pour créer un plan détaillé de livre ?

177.Comment éviter le syndrome de la page blanche en utilisant l'IA ?

178.Quels sont les avantages d'écrire un livre en sprint intensif ?

179.Peux-tu proposer une routine matinale optimisée pour les écrivains ?

180.Comment intégrer des sessions d'écriture régulières dans un emploi du temps chargé ?

19. Écriture créative et genres spécifiques

181.Peux-tu générer une idée de roman policier captivante ?

182.Comment écrire un roman de science-fiction crédible ?

183. Quels sont les codes du genre fantasy et comment les exploiter ?

184.Peux-tu proposer une intrigue romantique originale ?

185.Quels sont les secrets d'un bon

thriller psychologique ?

186.Comment écrire un livre de développement personnel inspirant ?

187.Peux-tu structurer un guide pratique sur [thème] ?

188.Quels sont les éléments essentiels d'un bon roman historique ?

189.Comment écrire un livre humoristique efficace ?

190.Quels sont les défis spécifiques à l'écriture de nouvelles ?

20. Écriture académique et technique

191.Comment structurer un essai ou un livre académique ?

192. Peux-tu générer un plan détaillé pour un livre blanc professionnel ?

193.Quels sont les pièges à éviter dans l'écriture scientifique ?

194.Comment vulgariser un sujet complexe pour un public large ?

195.Peux-tu reformuler ce texte pour le rendre plus clair et académique ?

196.Comment structurer un manuel de formation ou un cours en ligne ?

197.Quels sont les éléments essentiels d'un bon livre d'affaires ?

198.Peux-tu proposer une stratégie pour rendre un livre technique plus engageant ?

199.Comment rendre un livre éducatif interactif grâce à l'IA ?

200.Quels sont les outils IA pour améliorer la clarté et la lisibilité d'un texte académique ?

21. Création de contenu marketing avec l'IA

201.Peux-tu générer un article de blog pour promouvoir mon livre ?

202.Comment utiliser l'IA pour créer des posts captivants sur les réseaux sociaux ?

203.Quels sont les hashtags tendance pour promouvoir un livre en 2024 ?

204.Peux-tu rédiger une description

percutante pour mon livre ?

205.Comment utiliser l'IA pour automatiser ma communication d'auteur ?

206.Peux-tu générer un script vidéo pour présenter mon livre sur YouTube ?

207.Quels types de contenus fonctionnent le mieux pour promouvoir un livre sur TikTok ?

208.Comment optimiser un site d'auteur grâce au SEO et l'IA ?

209. Peux-tu rédiger une séquence d'email marketing pour la sortie de mon livre ?

210.Quels sont les meilleurs outils pour créer une couverture de livre avec l'IA ?

22. Intelligence artificielle et narration expérimentale

211. Comment écrire un livre en collaboration avec l'IA ?

212. Peux-tu proposer une idée de roman expérimental qui intègre l'IA ?

213. Quels sont les avantages et limites d'un livre entièrement écrit par l'IA ?

214. Comment écrire un roman épistolaire moderne avec l'IA ?

215. Quels sont les nouveaux formats narratifs rendus possibles par l'IA ?

216. Peux-tu écrire un poème génératif basé sur une thématique donnée ?

217. Comment intégrer l'intelligence artificielle comme personnage dans une histoire ?

218. Quels sont les défis éthiques posés par l'écriture assistée par IA ?

219.Peux-tu générer une scène où un écrivain débat avec une IA sur la créativité ?

220.Comment les technologies IA influencent-elles la perception du rôle de l'écrivain ?

23. Évoluer en tant qu'écrivain dans l'ère de l'IA

221. Comment construire une marque personnelle en tant qu'auteur utilisant l'IA ?

222.Quels sont les défis à venir pour les écrivains face aux avancées de l'IA ?

223.Peux-tu proposer une roadmap de carrière pour un écrivain numérique ?

224.Quels sont les métiers liés à l'écriture et l'IA qui émergent aujourd'hui ?

225.Comment se démarquer en tant qu'écrivain face à la multiplication des contenus générés par l'IA ?

226.Quels sont les avantages et inconvénients d'être un auteur IA-first ?

227.Comment protéger ses droits d'auteur à l'ère de l'IA ?

228.Quels sont les rôles des plateformes IA dans la transformation de l'édition ?

229.Peux-tu prédire comment l'IA transformera l'industrie du livre dans les 10 prochaines années ?

230.Quels conseils donnerais-tu à un écrivain débutant souhaitant utiliser l'IA ?